Paul Schulte-Herrmann (Hrsg.)

Sommergedichte

Sommerlyrik

Sie lieben den Sommer? – Hier präsentiert er sich in poetischen Versen: „Der Sonne flammendes Gefieder ..."; „O weiche Luft voll Blumenduft ..."; „Nein Sommer, Sommer muss es sein ..."; „Und einen Sommer, der voll Schönheit ist ..."; „Zupf dir ein Wölkchen aus dem Wolkenweiß ...".

Die Anthologie versammelt kleine und große Kunstwerke u.a. von Andresen, Avenarius, Claudius, Dauthendey, Droste-Hülshoff, Ebner-Eschenbach, Fallersleben, Fontane, Gerhardt, Goethe, Hebbel, Heine, Hölderlin, Keller, Lessing, Meyer, Rilke, Ringelnatz, Storm, Trakl und Uhland.

Lesen Sie vertraute und entdecken Sie neue Lieblingsgedichte zum Genießen, Nachsinnen und Weiterdichten.

Der Herausgeber

In der vorliegenden Anthologie hat der Literatur- und Sprachwissenschaftler Paul Schulte-Herrmann – erfahrener Lektor, Herausgeber und Liebhaber der Poesie – ausgesuchte Gedichte für Sie zusammengestellt.

Die Rechtschreibung wurde nur gelegentlich behutsam an die aktuellen Regeln angepasst.

Paul Schulte-Herrmann (Hrsg.)

Sommergedichte

Ihre Lieblingsjahreszeit in der Lyrik

Anthologie

Bibliografische Information der Deutschen Nationalbibliothek: Die
Deutsche Nationalbibliothek verzeichnet diese Publikation in der
Deutschen Nationalbibliografie; detaillierte bibliografische Daten
sind im Internet über dnb.dnb.de abrufbar.

Herstellung und Verlag: BoD – Books on Demand, Norderstedt
ISBN: 978-3-7578-7881-8

Im Garten blühn die Rosen
In wundervoller Pracht,
Die linden Lüfte kosen
Mit ihren Blättern sacht.

Stine Andresen

Der Sommer

Der Sonne flammendes Gefieder
Besucht mit seiner Glut die Flur;
Vom kühlen Hain' ertönen Lieder
Zum Preis der herrlichen Natur.
Und auf den bunten Blumenkronen
Wiegt schaukelnd sich der Schmetterling,
Und arbeitslust'ge Bienen thronen
In ihrem düftereichen Ring.

Schon kommt auf's Feld herangezogen
Der Schnitter und die Schnitterin,
Und des Getreides gold'ne Wogen,
Die strecket ihre Sichel hin.
Bei frohgemuten Liedern schallen
Die Sorgen wie ein irrer Traum,
Die schwerbeladen Wagen wallen
Hin nach der Scheune luft'gen Raum.
So wird des Jünglings edles Streben,
Das er den Wissenschaften weiht,
Auch einen süßen Lohn erleben,
Beirrt von keinem Drang der Zeit.

Alois Leopold Altmann

Im Sommer

Im Garten blühn die Rosen
In wundervoller Pracht,
Die linden Lüfte kosen
Mit ihren Blättern sacht.

In ihren Kelch geschmieget
Der bunte Falter ruht,
Die fleiß'ge Biene flieget
Dahin mit süßem Gut.

Von Blumenduft durchsogen
Sind Wiese, Flur und Feld,
Des Kornes Ähren wogen,
Von Segen reich geschwellt.

Es schmettert ihre Lieder
Die Lerche aus den Höh'n
Zur blühenden Erde nieder.
O Welt, wie bist du schön!

Es freut im Glanz der Sonne
Sich jede Kreatur.
Rings atmet sel'ge Wonne
Die lächelnde Natur.

Nun, Menschenherz, werd' munter,
Jauchz' auf zum Himmelsdom!
Nun, Menschenleid, geh' unter
Im heil'gen Freudenstrom!

Stine Andresen

Im Sommer

O weiche Luft voll Blumenduft,
O Vogelsang der Auen,
Wie sehn ich bang mich Monde lang,
Zu lauschen und zu schauen!
Nun lacht die Erde um mich her
Im Sommersonnenscheine –
Der kleine Finke schlägt nicht mehr,
Die Primel verblüht am Raine!

Die Rosen blühn aus vollem Grün,
Mit lichtem Tau begossen,
Die Sommerpracht ist aufgewacht,
Die Knospenwelt erschlossen.
Was schein die Flur nur heut so leer?
Ich wandle still alleine –
Der kleine Finke schlägt nicht mehr,
Die Primel verblühte am Raine!

Ferdinand Avenarius

Sommer

Sommertag! Mit üppigem Prangen
Glüht das Leben, wohin ihr schaut;
Himmel und Erde in trautem Umfangen,
Strahlen wie Bräutigam und Braut.

Wo der Lenz mit holder Verschwendung
Keime tausendfach ausgestreut,
Wächst empor zu schöner Vollendung,
Was die Erde an Süßem beut.

Aus des Laubwerks grünender Hülle,
Drin das Vöglein ein Heim errang,
Klingt hervor mit schmetternder Fülle
Hell frohlockender Jubelgesang.

Zwischen dem Gold der reifenden Ähren
Schimmern farbig Cyanen und Mohn; –
Schwellende Lippen lächeln Gewähren,
Werbender Liebe ward Treue zum Lohn.

Und im freudigen Überschäumen
Schaut befriedigt das Herz zurück,
Dem aus duftigen Lenzesträumen
Aufgeblüht ein gefestigt Glück.

Der du köstlich erfüllt nun zeigest,
Was die Seele sich wünschen mag,
Weile lang, bevor du dich neigest,
Schöner, herrlicher Sommertag!

Otto Baisch

Sommertraum

Golddurchflammte Ätherwogen,
Schwerer Äste grüne Bogen,
Süß verwob'ne Träumerei'n ...
Sommer, deine warmen Farben,
Helle Blumen, gold'ne Garben
Leuchten mir ins Herz hinein ...

In dem Wald, dem dämm'rig düstern,
Hörst du's rauschen, lispeln, flüstern,
Elfenmärchen – Duft und Schaum ... ?
Blumenkinder nicken leise,
Lauschen fromm der alten Weise
Von des Waldes Sommertraum ...

Und der See, der windumfächelt
Lallend plätschert, sonnig lächelt,
Netzt das Schilf aus lauem Born ...
Rosen blühen am Gelände,
Rosenglut, wo ich mich wende,
Und im Herzen tief ein Dorn ...

Lisa Baumfeld

Wenn im Sommer

Wenn im Sommer der rote Mohn
wieder glüht im gelben Korn,
wenn des Finken süßer Ton
wieder lockt im Hagedorn,
wenn es wieder weit und breit
feierklar und fruchtstill ist,
dann erfüllt sich uns die Zeit,
die mit vollen Massen misst.

Dann verebbt, was uns bedroht,
dann verweht, was uns bedrückt,
über dem Schlangenkopf der Not
ist das Sonnenschwert gezückt.
Glaube nur, es wird geschehn!
Wende nicht den Blick zurück!
Wenn die Sommerwinde wehn,
werden wir in Rosen gehn,
und die Sonne lacht uns Glück!

Otto Bierbaum

Sommergarten

Die Vögel sprangen von den Winden auf den Garten
Und fielen auf die hellen Rasenbeete,
Betäubt vom Duft der blühenden Stakete
Am weißen Haus mit vierzehn Rosenarten.

Die gelben Steige, die den Rasen masern,
Kommst du in Weiß, berieselt von den Winden,
Und deine Augen duften noch den Blinden –
Die warmen Blumen an den Nervenfasern.

Freude der Tropen wächst. Im blauen Raum
Zünden die Wolken, leuchtende Phantome.
Und du, in deines Blutes Aura und Arome,

Nimmst Sonne mit – in eine Liebesnacht.
Gleich goldnen Bienen hängt das Licht im Baum,
Das deinen Mund wie eine Frucht benagt.

Paul Boldt

Im Sommer

In Sommerbäder
Reist jetzt ein jeder
Und lebt famos.
Der arme Dokter,
Zu Hause hockt er
Patientenlos.

Von Winterszenen,
Von schrecklich schönen,
Träumt sein Gemüt,
Wenn, Dank der Götter,
Bei Hundewetter
Sein Weizen blüht.

Wilhelm Busch

Der Sommer

Seht ihr den Sommer durch die Lüfte fliegen?
In Gold und Blau – so hab ich mir's gedacht;
Nun ist er wieder auf die Welt gestiegen,
Nun gibt's ein Blühn und Düften Tag und Nacht.
Die Falter wissen sich schon nicht zu lassen
Und taumeln glücklich in ein Meer von Licht,
Und Kinderjubel schallt auf allen Gassen,
Und überall ein Kinderangesicht.

Die kleinen Mädchen klatschen in die Hände
Und krähn vergnüglich in die blüh'nde Welt,
Und in der Stadt sind auch die kahlsten Wände
Vom glüh'nden Glanz des Sonnenscheins erhellt.
Der arme Schuster selbst ließ seine Trauer
Und hämmert lustig auf den alten Schuh,
Und vor der Werkstatt tönt vom Vogelbauer
Des gelben Sängers heller Klang dazu.
In allen Lüften wirbeln Lerchenlieder,
Und Schwalben schießen durch die goldnen Höhn,
Und aus den Gärten duftet weißer Flieder –
Herrgott im Himmel, ist die Welt doch schön!

Carl Hermann Busse

Nach dem Regen

Die Vögel zwitschern, die Mücken
Sie tanzen im Sonnenschein,
Tiefgrüne feuchte Reben
Gucken ins Fenster herein.

Die Tauben girren und kosen
Dort auf dem niedern Dach,
Im Garten jagen spielend
Die Buben den Mädeln nach.

Es knistert in den Büschen,
Es zieht durch die helle Luft
Das Klingen fallender Tropfen,
Der Sommerregenduft.

Ada Christen

Picknick vom Apfelbaum

Das schöne große Taggestirne
Vollendet seinen Lauf;
Komm wisch den Schweiß mir von der Stirne,
Lieb Weib, und dann tisch auf!

Kannst hier nur auf der Erde decken,
Hier unterm Apfelbaum;
Da pflegt es abends gut zu schmecken,
Und ist am besten Raum.

Und rufe flugs die kleinen Gäste,
Denn hör, mich hungert's sehr;
Bring auch den kleinsten aus dem Neste,
Wenn er schläft, mit her.

Dem König bringt man viel zu Tische;
Er, wie die Rede geht,
Hat alle Tage Fleisch und Fische
Und Panzen und Pastet;

Und ist ein eigner Mann erlesen,
Von andrer Arbeit frei,
Der ordert ihm sein Tafelwesen
Und präsidiert dabei.

Gott lass ihm alles wohl gedeihen!
Er hat auch viel zu tun,
Und muss sich Tag und Nacht kasteien,
Dass wir in Frieden ruhn.

Und haben wir nicht Herrenfutter;
So haben wir doch Brot,
Und schöne, frische, reine Butter,
Und Milch, was denn für Not?

Das ist genug für Bauersleute,
Wir danken Gott dafür,
Und halten offne Tafel heute
Vor allen Sternen hier.

Es präsidiert bei unserm Mahle
Der Mond, so silberrein!
Und kuckt von oben in die Schale
Und tut den Segen h'nein.

Nun Kinder esset, esst mit Freuden,
Und Gott gesegnet es euch!
Sieh, Mond! ich bin wohl zu beneiden,
Bin glücklich und bin reich!

Matthias Claudius

Juli

Nun ist es Sommer den ganzen Tag,
Den ganzen Tag man nur küssen mag,
Und alle die Rosen, die müssen
Satt duften zu unseren Füssen.

Nun bleibt es Sommer den ganzen Tag,
Den ganzen Tag ich im Himmel lag,
Dort tat man sich paarweise küssen
Und satt lag die Erde zu Füssen.

Nun ist es Sommer Nacht und Tag,
Und Nacht und Tag man nur küssen mag;
Von allen heißen Genüssen
Ist Anfang und Ende das Küssen.

Max Dauthendey

Sommer

Du gute Linde, schüttle dich!
Ein wenig Luft, ein schwacher West!
Wo nicht, dann schließe dein Gezweig
So recht, daß Blatt an Blatt sich presst.

Kein Vogel zirpt, es bellt kein Hund;
Allein die bunte Fliegenbrut
Summt auf und nieder übern Rain
Und lässt sich rösten in der Glut.

Sogar der Bäume dunkles Laub
Erscheint verdickt und atmet Staub.
Ich liege hier wie ausgedorrt
Und scheuche kaum die Mücken fort.

O Säntis, Säntis! läg' ich doch
Dort, – grad' an deinem Felsenjoch,
Wo sich die kalten, weißen Decken
So frisch und saftig drüben strecken,
Viel tausend blanker Tropfen Spiel;
Glücksel'ger Säntis, dir ist kühl!

Annette von Droste-Hülshoff

Sommermorgen

Auf Bergeshöhen schneebedeckt,
Auf grünen Hügeln weitgestreckt
Erglänzt die Morgensonne;
Die tauerfrischten Zweige hebt
Der junge Buchenwald und bebt
Und bebt in Daseinswonne.

Es stürzt in ungestümer Lust
Herab aus dunkler Felsenbrust
Der Gießbach mit Getose,
Und blühend Leben weckt sein Hauch
Im stolzen Baum, im niedren Strauch,
In jedem zarten Moose.

Und drüben wo die Wiese liegt,
Im Blütenschmuck, da schwirrt und fliegt
Der Mücken Schwarm und Immen.
Wie sich's im hohen Grase regt
Und froh geschäftig sich bewegt,
Und summt mit feinen Stimmen.

Es steigt die junge Lerche frei
Empor gleich einem Jubelschrei
Im Wirbel ihrer Lieder.
Im nahen Holz der Kuckuck ruft,
Die Amsel segelt durch die Luft
Auf goldenem Gefieder.

O Welt voll Glanz und Sonnenschein,
O rastlos Werden, holdes Sein,
O höchsten Reichtums Fülle!
Und dennoch, ach – vergänglich nur
Und todgeweiht, und die Natur
Ist Schmerz in Schönheitshülle.

Marie von Ebner-Eschenbach

Sommer

Ihr singt von schönen Frühlingstagen,
Von Blütenduft und Sonnenschein,
Ich will nichts nach dem Frühling fragen,
Nein Sommer, Sommer muss es sein.

Wo alles drängt und sich bereitet
Auf einen goldnen Erntetag,
Wo jede Frucht sich schwellt und weitet
Und schenkt, was Süßes in ihr lag.

Auch ich bin eine herbe, harte,
Bin eine Frucht, die langsam reift.
O Glut des Sommers, komm! Ich warte,
Dass mich dein heißer Atem streift.

Gustav Falke

König Sommer

Nun fallen leise die Blüten ab,
Und die jungen Früchte schwellen.
Lächelnd steigt der Frühling ins Grab
Und tritt dem Sommer die Herrschaft ab,
Dem starken, braunen Gesellen.
König Sommer bereist sein Land
Bis an die fernsten Grenzen,
Die Ähren küssen ihm das Gewand,
Er segnet sie alle mit reicher Hand,
Wie stolz sie nun stehen und glänzen.

Es ist eine Pracht unterm neuen Herrn,
Ein sattes Genügen, Genießen,
Und jedes fühlt sich im innersten Kern
So reich und tüchtig. Der Tod ist so fern,
Und des Lebens Quellen fließen.
König Sommer auf rotem Ross
Hält auf der Mittagsheide,
Müdigkeit ihn überfloss,
Er träumt von einem weißen Schloss
Und einem König in weißem Kleide.

Gustav Falke

Libellentanz

Wir Libellen
Hüpfen in die Kreuz und Quer,
Auf den Quellen
Und den Bächen hin und her.
Schwirrend schweben
Wir dahin im Sonnenglanz:
Unser Leben
Ist ein einz'ger Reigentanz.
Wir ernähren
Uns am Strahl des Sonnenlichts,
Und begehren,
Wünschen, hoffen weiter nichts.

Mit dem Morgen
Traten wir ins Leben ein;
Ohne Sorgen
Schlafen wir am Abend ein.
Heute flirren
Wir in Freud' und Sonnenglanz;
Morgen schwirren
Andre hier im Reigentanz.

August Heinrich Hoffmann von Fallersleben

Wie freu' ich mich der Sommerwonne!

Wie freu' ich mich der Sommerwonne,
Des frischen Grüns in Feld und Wald,
Wenn's lebt und webt im Glanz der Sonne
Und wenn's von allen Zweigen schallt!

Ich möchte jedes Blümchen fragen:
Hast du nicht einen Gruß für mich?
Ich möchte jedem Vogel sagen:
Sing, Vöglein, sing und freue dich!

Die Welt ist mein, ich fühl es wieder:
Wer wollte sich nicht ihrer freu'n,
Wenn er durch frohe Frühlingslieder
Sich seine Jugend kann erneu'n?

Kein Sehnen zieht mich in die Ferne,
Kein Hoffen lohnet mich mit Schmerz;
Da wo ich bin, da bin ich gerne,
Denn meine Heimat ist mein Herz.

August Heinrich Hoffmann von Fallersleben

An einem Sommermorgen

An einem Sommermorgen
da nimm den Wanderstab,
es fallen deine Sorgen
wie Nebel von dir ab.

Des Himmels heitre Bläue
lacht dir ins Herz hinein
und schließt, wie Gottes Treue,
mit seinem Dach dich ein.

Rings Blüten nur und Triebe
und Halme von Segen schwer,
dir ist, als zöge die Liebe
des Weges nebenher.

So heimisch alles klingt
als wie im Vaterhaus,
und über die Lerchen schwingt
die Seele sich hinaus.

Theodor Fontane

Sommerlied

O Sommerfrühe blau und hold!
Es trieft der Wald von Sonnengold,
In Blumen steht die Wiese;
Die Rosen blühen rot und weiß
Und durch die Felder wandelt leis'
Ein Hauch vom Paradiese.

Die ganze Welt ist Glanz und Freud,
Und bist du jung, so liebe heut
Und Rosen brich mit Wonnen!
Und wardst du alt, vergiss der Pein
Und lerne dich am Wiederschein
Des Glücks der Jugendsonnen.

Emanuel Geibel

Geh aus mein Herz ...

Geh aus mein Herz und suche Freud
In dieser lieben Sommerszeit
An deines Gottes Gaben;
Schau an der schönen Gärtenzier
Und siehe, wie sie mir und dir
Sich ausgeschmücket haben.

Die Bäume stehen voller Laub,
Das Erdreich decket seinen Staub
Mit einem grünem Kleide;
Narzissen und die Tulipan,
Die ziehen sich viel schöner an
Als Salomonis Seide.

Die Lärche schwingt sich in die Luft,
Das Täublein fleucht aus seiner Kluft
Und macht sich in die Wälder;
Die hochbegabte Nachtigall
Ergötzt und füllt mit ihrem Schall
Berg, Hügel, Tal und Felder.

Die Glucke führt ihr Völklein aus,
Der Storch baut und bewohnt sein Haus,
Das Schwälblein speist die Jungen;

Der schnelle Hirsch, das leichte Reh
Ist froh und kommt aus seiner Höh
ins tiefe Gras gesprungen.

Die Bächlein rauschen in dem Sand
Und malen sich an ihren Rand
Mit schattenreichen Myrten;
Die Wiesen liegen hart dabei
Und klingen ganz vom Lustgeschrei
Der Schaf und ihrer Hirten.

Die unverdrossne Bienenschar
Fliegt hin und her, sucht hier und da
Ihr edle Honigspeise
Des süßen Weinstocks starker Saft
Bringt täglich neue Stärk' und Kraft
In seinem schwachen Reise

Der Weizen wächset mit Gewalt
Darüber jauchzet Jung und Alt
Und rühmt die große Güte
Des, der so überflüssig labt
Und mit so manchem Gut begabt
Das menschliche Gemüte

Ich selber kann und mag nicht ruhn
Des großen Gottes großes Tun
Erweckt mir alle Sinnen

Ich singe mit, wenn alles singt
Und lasse was dem Höchsten klingt
Aus meinem Herzen rinnen

Ach denk ich bist Du hier so schön
Und lässt Du's uns so lieblich gehn
Auf dieser armen Erde
Was will doch wohl nach dieser Welt
Dort in dem reichen Himmelszelt
Und güldnen Schlosse werden?

Welch hohe Lust, welch heller Schein
Wird wohl in Christi Garten sein!
Wie wird es da wohl klingen?
Da so viel tausend Seraphim
Mit unverdrossnem Mund und Stimm
Ihr Halleluja singen

Oh wär ich da, o stünd ich schon
Ach süßer Gott vor Deinem Thron
Und trüge meine Palmen!
So wollt ich nach der Engel Weis'
Erhöhen Deines Namens Preis,
Mit tausend schönen Psalmen

Doch gleichwohl will ich weil ich noch
Hier trage dieses Leibes Joch
Auch gar nicht stille schweigen.

Mein Herze soll sich fort und fort
An diesem und an allem Ort
Zu Deinem Lobe neigen

Hilf mir und segne meinen Geist
Mit Segen, der vom Himmel fleußt,
Daß ich Dir stetig blühe;
Gib, daß der Sommer Deiner Gnad
In meiner Seele früh und spat
Viel Glaubensfrücht erziehe

Mach in mir Deinem Geiste Raum,
Dass ich Dir werd ein guter Baum,
Und lass mich Wurzeln treiben;
Verleihe, daß zu Deinem Ruhm,
Ich Deines Gartens schöne Blum
Und Pflanze möge bleiben

Erwähle mich zum Paradeis,
Und lass mich bis zur letzten Reis
An Leib und Seele grünen;
So will ich Dir und Deiner Ehr
Allein und sonsten keinem mehr
Hier und dort ewig dienen.

Paul Gerhardt

Sommer

Der Sommer folgt. Es wachsen Tag und Hitze,
und von den Auen dränget uns die Glut;
doch dort am Wasserfall, am Felsensitze
erquickt ein Trunk, erfrischt ein Wort das Blut.

Der Donner rollt, schon kreuzen sich die Blitze,
die Höhle wölbt sich auf zur sichern Hut,
dem Tosen nach kracht schnell ein knatternd Schmettern;
doch Liebe lächelt unter Sturm und Wettern.

Johann Wolfgang von Goethe

In ein Stammbuch

Und einen Sommer, der voll Schönheit ist,
Seh' ich dich jeden Tag. In engen Gassen,
Auf stillen Wegen hab ich dich gegrüßt.
In deinem lieben Mädchenzimmer saßen
Wir bald vertraut und redeten und lachten.
In mondverklärten Sommernächten brachten
Wir's „Rehlein"heim. – Ich durfte noch mit dir
Bis zu dem „Gute Nacht!"vor deiner Tür.
Dreimal auch hört' ich deine Stimme singen,
Sie ist so schön. Sie nimmt das eig'ne Leid,
Hebt es empor auf ihre dunklen Schwingen
Und trägt es lächelnd über Raum und Zeit.

Gold liegt auf diesen blauen Sommertagen
Und auf den Nächten, die wir sehnend lagen,
Liegt eines Traumes Traum – o, viel zu schön,
Erfüllt zu sein.

Nun färbt der Herbst die Zweige
Mit Gold und hellem Rot. Und ich muss geh'n,
Wie dieser reiche Sommer ging zur Neige.
Vielleicht seh' ich dich wieder auf der Bahn,
Die Leben heißt, da wir uns lang verloren.

Wir sehen uns mit wehen Augen an
Und stehen wieder vor den gold'nen Toren;
Die alten Lieder, die uns längst verklangen,
Die alten Lieder werden wieder neu,
Die Wege leuchten, die wir einst gegangen,
Und wieder geht das Glück – an uns vorbei.

Ernst Goll

Auf die liebliche Sommerzeit

O Wunder-Gottes Güt! die in die Erd sich senket.
Sie grünt und prangt hervor / in Nahrung-reicher Art.
die Allmacht hat mit ihr sich in die Erd gepaart:
aus deren Würkung Gott / uns diese Gaben schenket.
bey jedem Sichelschnitt / ists billig / daß man denket
an Gottes Gnaden Mäng' und Lob zum wundern schaart.
So wenig ja den Dank / als er den Segen / spaart!
sein Gnaden-Herz sich ganz auf uns zu giessen lenket.
Ein schallends Ehren-Lob soll aus den Halmen gehn /
weil seiner Ehren voll die Erd' / und was sie träget.
Am Lebens Mastbaum soll der Lobes-Segel stehn:
Der Freuden-Seufzer-Wind ihn lieblich süß beweget.
So sammlet Gottes Lieb / durch diese Erdenfrücht:
und schüttet dafür aus / sein Lieb- und Lob-Gerücht!

Catharina Regina von Greiffenberg

Sommerbild

Ich sah des Sommers letzte Rose stehn,
Sie war, als ob sie bluten könnte, rot
Da sprach ich schaudernd im Vorübergehn:
So weit im Leben, ist zu nah dem Tod!

Es regte sich kein Hauch am heißen Tag,
Nur leise strich ein weißer Schmetterling;
Doch, ob auch kaum die Luft sein Flügelschlag
bewegte, sie empfand es und verging.

Friedrich Hebbel

Am leuchtenden Sommermorgen

Am leuchtenden Sommermorgen
geh ich im Garten herum.
Es flüstern und sprechen die Blumen,
Ich aber, ich wandle stumm.

Es flüstern und sprechen die Blumen,
Und schaun mich mitleidig an:
Sei unserer Schwester nicht böse,
Du trauriger, blasser Mann.

Heinrich Heine

Dämmernd liegt der Sommerabend

Dämmernd liegt der Sommerabend
Über Wald und grünen Wiesen;
Goldner Mond, im blauen Himmel,
Strahlt herunter, duftig labend.

An dem Bache zirpt die Grille,
Und es regt sich in dem Wasser,
Und der Wandrer hört ein Plätschern
Und ein Atmen in der Stille.

Dorten an dem Bach alleine,
Badet sich die schöne Elfe;
Arm und Nacken, weiß und lieblich,
Schimmern in dem Mondenscheine.

Heinrich Heine

Die Flucht der Zeit

Hienieden ward dem Lenze
Ein kurzes Sein verlieh'n:
Kaum wanden wir uns Kränze,
So ist er schon dahin.

Der Sommer währt nicht lange
Mit seiner Sicheln Schall:
Kaum röthet unsre Wange
Der wärm're Sonnenstrahl.

Bald wird der Himmel trüber,
Die Frucht entfällt dem Baum –
Schon ist der Herbst vorüber,
Wir freuten sein uns kaum.

Nun steigt der Winter nieder
Und schließt des Jahres Reih'n!
Es schweigen alle Lieder.
Er gräbt die Blumen ein.

So eilen unsre Freuden,
So endet alle Lust,
So schwinden auch die Leiden,
Kaum sind wir's uns bewusst.

Nur was nach oben ziehet,
Das kann nicht untergehn;
Was heilig in uns glühet,
Das wird kein Nord verwehn.

Und dort blühn andre Lenze,
Die nimmermehr entfliehn;
Dort werden ew'ge Kränze
Um unsre Scheitel blühn.

O, lasst dahin uns streben
Schon hier im Schattenland.
All unser Thun und Leben
Sei nur auf Gott gewandt.

Luise Hensel

Der Sommer

Das Erntefeld erscheint, auf Höhen schimmert
Der hellen Wolke Pracht, indes am weiten Himmel
In stiller Nacht die Zahl der Sterne flimmert,
Groß ist und weit von Wolken das Gewimmel.

Die Pfade gehn entfernter hin, der Menschen Leben,
Es zeiget sich auf Meeren unverborgen,
Der Sonne Tag ist zu der Menschen Streben
Ein hohes Bild, und golden glänzt der Morgen.

Mit neuen Farben ist geschmückt der Gärten Breite,
Der Mensch verwundert sich, daß sein Bemühn gelinget,
Was er mit Tugend schafft, und was er hoch vollbringet,
Es steht mit der Vergangenheit in prächtigem Geleite.

Friedrich Hölderlin

Der Sommer

Noch ist die Zeit des Jahrs zu sehn, und die Gefilde
Des Sommers stehn in ihrem Glanz, in ihrer Milde;
Des Feldes Grün ist prächtig ausgebreitet,
Allwo der Bach hinab mit Wellen gleitet.

So zieht der Tag hinaus durch Berg und Tale,
Mit seiner Unaufhaltsamkeit und seinem Strahle,
Und Wolken ziehn in Ruh', in hohen Räumen,
Es scheint das Jahr mit Herrlichkeit zu säumen.

Friedrich Hölderlin

Sommernacht

Es wallt das Korn weit in die Runde,
Und wie ein Meer dehnt es sich aus;
Doch liegt auf seinem stillen Grunde
Nicht Seegewürm noch andrer Graus:
Da träumen Blumen nur von Kränzen
Und trinken der Gestirne Schein.
O goldnes Meer, dein friedlich Glänzen
Saugt meine Seele gierig ein!

In meiner Heimat grünen Talen,
Da herrscht ein alter schöner Brauch;
Wann hell die Sommersterne strahlen,
Der Glühwurm schimmert durch den Strauch:
Dann geht ein Flüstern und ein Winken,
Das sich dem Ährenfelde naht,
Da geht ein nächtlich Silberblinken
Von Sicheln durch die goldne Saat.

Das sind die Bursche, jung und wacker,
Die sammeln sich im Feld zuhauf
Und suchen den gereiften Acker
Der Witwe oder Waise auf,

Die keines Vaters, keiner Brüder
Und keines Knechtes Hilfe weiß –
Ihr schneiden sie den Segen nieder,
Die reinste Lust ziert ihren Fleiß.

Schon sind die Garben fest gebunden
Und schön in einen Kranz gebracht;
Wie lieblich flohn die stillen Stunden,
Es war ein Spiel in kühler Nacht!
Nun wird geschwärmt und hell gesungen
Im Garbenkreis, bis Morgenduft
Die nimmermüden, braunen Jungen
Zur eignen schweren Arbeit ruft.

Gottfried Keller

Sommerbetrachtung

Hier saß ich oft. An diesem grünen Strauch.
Die Rosen blühen heute röter noch.
Die Fuchsien halten ihre Farbe auch.
Es bellt am Zaun der kahle Köter noch.

Die Espe zittert, weil es ihr Beruf.
Den roten Pilz betreut der Regenwurm.
Ein Einhorn scharrt versonnen mit dem Huf.
Die Sonne steht als Frau auf einem Turm.

Der Sommer herbstelt. Im geharkten Kies
Geht an der Krücke ein geborstner Greis.
Ein Kind spielt Mutter. Und es lächelt leis,
Als ich ihm eine offne Grube wies.

Bei jedem Schritte trifft man auf ein Grab
Von Leuten, die noch längst am Leben sind.
O liebstes Herz, dem meinen Leib ich gab:
Wie wohlig weht durch mein Skelett der Wind!

Klabund

Sommerabend

Die leichte Brise wunderbar;
Etwas Kühle für die Nacht
Nach des Tages heller Hitze.

Der Wind geht durch die Felder,
Gelbe Ähren tanzen sanft,
Sterne malen tupfend Bilder.

Stürmisch rast mit einem Male
Der Blitz heran mit dumpfem Donner
Und großen, schweren Tropfen.

Ein letzter Schlag, ein letztes Brausen,
Verschwunden ist der träge Duft.
Endlich frische, herrlich klare Luft.

Uwe Kleinerüßkamp

Der Sommer

Brüder! lobt die Sommerszeit!
Ja, dich, Sommer, will ich loben!
Wer nur deine Munterkeit,
Deine bunte Pracht erhoben,
Dem ist wahrlich, dem ist nur,
Nur dein halbes Lob gelungen,
Hätt er auch, wie Brocks, gesungen,
Brocks, der Liebling der Natur.

Hör ein größer Lob von mir,
Sommer! ohne stolz zu werden.
Brennst du mich, so dank ichs dir,
Daß ich bei des Strahls Beschwerden,
Bei der durstgen Mattigkeit,
Lechzend nach dem Weine frage,
Und gekühlt den Brüdern sage:
Brüder! lobt die durstge Zeit!

Gotthold Ephraim Lessing

Einen Sommer lang

Zwischen Roggenfeld und Hecken
Führt ein schmaler Gang,
Süßes, seliges Verstecken
Einen Sommer lang.

Wenn wir uns von ferne sehen
Zögert sie den Schritt,
Rupft ein Hälmchen sich im Gehen,
Nimmt ein Blättchen mit.

Hat mit Ähren sich das Mieder
Unschuldig geschmückt,
Sich den Hut verlegen nieder
In die Stirn gerückt.

Finster kommt sie langsam näher,
Färbt sich rot wie Mohn,
Doch ich bin ein feiner Späher,
Kenn die Schelmin schon.

Noch ein Blick in Weg und Weite,
Ruhig liegt die Welt,
Und es hat an ihre Seite
Mich der Sturm gesellt.

Zwischen Roggenfeld und Hecken
Führt ein schmaler Gang,
süßes, seliges Verstecken
Einen Sommer lang.

Detlev von Liliencron

Sommer

Sieh, wie sie leuchtet,
Wie sie üppig steht,
Die Rose –
Welch satter Duft zu dir hinüberweht!
Doch lose
Nur haftet ihre Pracht –
Streift deine Lust sie,
Hältst du über Nacht
Die welken Blätter in der heißen Hand ...

Sie hatte einst den jungen Mai gekannt
Und muss dem stillen Sommer nun gewähren –
Hörst du das Rauschen goldener Ähren?
Es geht der Sommer über's Land ...

Thekla Lingen

Sommerreise

Blaudunkler, als die Lüfte blühn,
sahn Nelken aus dem Saatengrün.
Den schönsten Farbengruß entbot
Durchsichtig, feuerpurpurrot
der Ackermohn dem Sonnentag,
und ob das Entzücken lag
als Lerchensang in klarer Luft,
berauscht von süßem Segensduft.
Da gab es viel zu sehn, zu preisen
und langsam ging es mit dem Reisen.

Karl Friedrich Mayer

Schwüle

Trüb verglomm der schwüle Sommertag,
Dumpf und traurig tönt mein Ruderschlag –
Sterne, Sterne – Abend ist es ja –
Sterne, warum seid ihr noch nicht da?

Bleich das Leben! Bleich der Felsenhang!
Schilf, was flüsterst du so frech und bang?
Fern der Himmel und die Tiefe nah –
Sterne, warum seid ihr noch nicht da?

Eine liebe, liebe Stimme ruft
Mich beständig aus der Wassergruft –
Weg, Gespenst, das oft ich winken sah!
Sterne, Sterne, seid ihr nicht mehr da?

Endlich, endlich durch das Dunkel bricht.
Es war Zeit! – ein schwaches Flimmerlicht.
Denn ich wusste nicht, wie mir geschah.
Sterne, Sterne, bleibt mir immer nah.

Conrad Ferdinand Meyer

Reife

An verstaubten Straßenrändern,
am verblühten Schlehdornhag
durch den reifen Sommertag
wunschlos, wahllos, ziellos schlendern ...

Sonnentrunkne Falter irren
taumelnd über Korn und Mohn, –
aus den Feldern kommt ein Ton
leis und scharf wie Sensenschwirren

Clara Müller

Du bist, als ob du ...

Du bist, als ob du segnen müsstest
wen die Madonnen längst vergaßen;
und oft, im Sommer, wenn du wüsstest:
da kamst du von den Abendstraßen
so klar, als ob du Kinder küsstest,
die traurig wo am Saume saßen.

Und jeder Rhythmus, der verschwiegen
aus stillen Wiesen aufgestiegen,
schien innig sich dir anzuschmiegen,
bis alles Winken, alles Wiegen
nur in dir war und nirgends mehr.
Und mir geschah: die Welt verginge –
und das Vermächtnis aller Dinge,
ihr letztes Lied, bringst du mir her

Rainer Maria Rilke

Die Sonnenuhr

Selten reicht ein Schauer feuchter Fäule
aus dem Gartenschatten, wo einander
Tropfen fallen hören und ein Wander-
vogel lautet, zu der Säule,
die in Majoran und Koriander
steht und Sommerstunden zeigt;

Nur sobald die Dame (der ein Diener
nachfolgt) in dem hellen Florentiner
über ihren Rand sich neigt,
Wird sie schattig und verschweigt.

Oder wenn ein sommerlicher Regen
aufkommt aus dem wogenden Bewegen
hoher Kronen, hat sie eine Pause;
Denn sie weiß die Zeit nicht auszudrücken,
Die dann in den Frucht- und Blumenstücken
Plötzlich glüht im weißen Gartenhause.

Rainer Maria Rilke

Sommer

Sommer: für etliche Tage
Begleiter der Rosen zu sein;
was um erblühende Seelen
weht, das atmen wir ein.
Sehen in jeder, die stirbt,
eine Vertraute,
entschwundene Schwester, die wir
unter anderen Rosen überdauern.

Rainer Maria Rilke

Komm, sage mir ...

In eines Holzes Duft lebt fernes Land.
Gebirge schreiten durch die blaue Luft.
Ein Windhauch streicht wie Mutter deine Hand.
Und eine Speise schmeckt nach Kindersand.
Die Erde hat ein freundliches Gesicht,
So groß, dass man's von weitem nur erfasst.
Komm, sage mir, was du für Sorgen hast.
Reich willst du werden? – Warum bist du's nicht?

Joachim Ringelnatz

Sommerfrische

Zupf dir ein Wölkchen aus dem Wolkenweiß,
Das durch den sonnigen Himmel schreitet.
Und schmücke den Hut, der dich begleitet,
Mit einem grünen Reis.

Verstecke dich faul in der Fülle der Gräser
Weil's wohltut, weil's frommt.
Und bist du ein Mundharmonikabläser
Und hast eine bei dir,
dann spiel, was dir kommt.

Und lass deine Melodien lenken
Von dem freigegebenen Wolkengezupf.
Vergiss dich. Es soll dein Denken
Nicht weiter reichen als ein Grashüpferhupf.

Joachim Ringelnatz

Im Sommer

Das ist mir noch geblieben
Aus meiner Kinderzeit:
Die Falterwelt zu lieben
Der Bergeseinsamkeit;
Die Falter, die da fliegen,
Wenn heiß der Mittag glüht,
Die auf dem Kelch sich wiegen,
Der würzig aufgeblüht.

Wie hold, sie zu belauschen
In ihrem Sommertraum,
Wenn sie die Grüße tauschen
Am sonn'gen Waldessaum;
Wenn sie am Quellenrande
Versammelt sind zum Tanz,
Und wenn im Gartensande
Aufblitzt ihr Schillerglanz.
Erinnerungen schweben
Vorbei im Blumenduft,
Begleiten und umgeben
Die Falter in der Luft!

Ferdinand Sauter

Sommer

Schon hast du über Wiesen, Wald und Hügel
Den höchsten Reiz der Schönheit ausgegossen,
Des Blütenreichtums Schätze sind erschlossen
Und Phöbus weilt mit angehaltnem Zügel.

Das tiefste Blau versinkt im Wellenspiegel,
Darunter blinzeln silberhelle Flossen,
Kein Lufthauch wehrt den glühenden Geschossen
Es schwirrt die Biene nur mit trägem Flügel.

So liebevoll und rastlos im Verschwenden,
Gebiert Natur und zeitigt ihre Kinder,
Bis sie den Gipfel ihres Seins vollenden.

O daß doch sie, die uns'res Wirkens Meister,
Uns achteten für minder freche Sünder,
Und ließen frei die kerkermüden Geister!

Ferdinand Sauter

Der Sommerabend

Licht ists noch am Abend-Himmelsrande
Von der Sonne sanftem Scheideblick;
Und im holden, rosigen Gewande
Glänzt uns noch ihr letzter Strahl zurück.

O des schönsten Sommerabendskühle
Wandelt sanft durch Wiesen, Flur und Hain;
Und voll süßer, zärtlicher Gefühle
Denk' ich jetzt, du Vielgeliebte! dein.

Denke dein, hier, wo im Abendhauche
Sich das Herz zu reiner Lust erhebt,
Süßer Duft vom Sommerblumenstrauche
Um des Nachtwind sanftem Flügel schwebt.

O vielleicht, von Hochgefühl durchdrungen,
Trinkst auch du jetzt Wonne der Natur;
Und, umhüllt mit Abenddämmerungen
Blumenduft auf einer stillen Flur.

Siehst einmal, entflohn dem Stadtgetümmel,
Wo so oft die stillern Freuden fliehn,
Schöner unter Gottes freiem Himmel
Um dich her des Lebens Anmut blühn.

Oft schon folgt' im Geist ich dir zur Quelle,
Die dort warm und segenbringend fließt,
Wo Gesundheit sich mit jeder Welle
Stärkend in die kranken Nerven gießt.

O genieße, Freundin! ganz das Glücke,
Welches dir der warme Quell verspricht;
Komm gesund zu deiner Stadt zurücke;
Lebe glücklich, und – Vergiss mein nicht!

Juliane Schubert

Fliegender Sommer

Durch die sonnenklaren Lüfte
Fliegt's in Fäden und in Flocken –
Sind es die gebleichten Haare
Aus des Sommers sonn'gen Locken?
Sind es luftige Gefährte
Für der Elfen leichte Scharen,
Drauf sie – Menschenaug' verborgen –
Durch die klaren Lüfte fahren?
Sind's des Herbstes leichte Fahnen,
Die, nach Endigung des Krieges
Mit dem Sommer, der entfaltet
Im Triumphe seines Sieges?
Oder ist 's die zarte Fessel,
Die den Sommer hielt am Norden?
Er zerriss sie – fliegt gen Süden
Jubelnd, dass er frei geworden!
Schwingt sich über Land und Meere
Dorthin, wo sein Herz gewohnet,
Wo er wieder in den bunten,
Duft'gen Prachtpalästen thronet!

Heinrich Seidel

Mein Herz steht bis zum Hals ...

Mein Herz steht bis zum Hals
in gelbem Erntelicht wie
unter Sommerhimmeln
schnittbereites Land.
Bald läutet durch die Ebenen
Sichelsang: mein Blut
lauscht tief mit Glück
gesättigt in den Mittagsbrand.
Kornkammern meines Lebens
lang verödet, alle eure
Tore sollen nun wie
Schleusenflügel offen stehn,
Über euern Grund wird wie Meer
die goldne Flut der
Garben gehn.

Ernst Stadler

Die Efeulauben flimmern

Der Sommermittag lastet auf den weißen
Terrassen und den schlanken Marmortreppen
die Gitter und die goldnen Kuppeln gleißen
leis knirscht der Kies. Vom müden Garten schleppen
sich Rosendüfte her – wo längs der Hecken
der schlaffe Wind entschlief in roten Matten
und geisternd strahlen zwischen Laubverstecken
die Götterbilder über laue Schatten.
Die Efeulauben flimmern. Schwäne wiegen
und spiegeln sich in grundlos grünen Weihern
und große fremde Sonnenfalter fliegen
traumhaft und schillernd zwischen Düfteschleiern.

Ernst Stadler

Abseits

Es ist so still; die Heide liegt
Im warmen Mittagssonnenstrahle,
Ein rosenroter Schimmer fliegt
Um ihre alten Gräbermale;
Die Kräuter blühn; der Heideduft
Steigt in die blaue Sommerluft.

Laufkäfer hasten durchs Gesträuch
In ihren goldnen Panzerröckchen,
Die Bienen hängen Zweig um Zweig
Sich an der Edelheide Glöckchen;
Die Vögel schwirren aus dem Kraut –
Die Luft ist voller Lerchenlaut.

Ein halbverfallen niedrig Haus
Steht einsam hier und sonnbeschienen;
Der Kätner lehnt zur Tür hinaus,
Behaglich blinzelnd nach den Bienen;
Sein Junge auf dem Stein davor
Schnitzt Pfeifen sich aus Kälberrohr.

Kaum zittert durch die Mittagsruh
Ein Schlag der Dorfuhr, der entfernten;
Dem Alten fällt die Wimper zu,
Er träumt von seinen Honigernten.
– Kein Klang der aufgeregten Zeit
Drang noch in diese Einsamkeit.

Theodor Storm

An einem schönen Sommerabende

Lieblich senkt die Sonne sich,
Alles freut sich wonniglich
In des Abends Kühle!
Du gibst jedem Freud und Rast,
Labst ihn nach des Tages Last
Und des Tages Schwüle.
Horch, es lockt die Nachtigall,
Und des Echos Widerhall
Doppelt ihre Lieder!
Und das Lämmchen hüpft im Tal,
Freude ist jetzt überall,
Wonne senkt sich nieder!
Wonne in des Menschen Brust,
Der der Freud ist sich bewusst,
Die ihm Gott gegeben,
Die du jedem Menschen schufst,
Den aus nichts hervor du rufst
Auf zum ew'gen Leben.

Theodor Storm

Ein grünes Blatt

Ein Blatt aus sommerlichen Tagen,
Ich nahm es so im Wandern mit,
Auf daß es einst mir möge sagen,
Wie laut die Nachtigall geschlagen,
Wie grün der Wald, den ich durchschritt.

Theodor Storm

In seinem Garten wandelt er allein

In seinem Garten wandelt er allein
In alle Bäume gräbt er immer wieder
Gedankenschwer den einz'gen Namen ein,
Und in dem Namen klagen seine Lieder.

Sanft blaut der Himmel, milde Rosen webt
Die Sommerzeit durch mächt'ge Blättermassen.
Er schaut sie nicht; die Zeit, in der er lebt,
Ist alt, verblüht, von allen längst verlassen.

Theodor Storm

Sommernacht

Die Sterne blühten in der Sommernacht,
Der Südwind war im Bäumicht fromm erwacht.
Des Mondes Zitterstrahlen flossen weiß
Auf alt Gebäu, die Schwäne schlossen leis
Das Aug, hinschwimmend auf der dunkeln Gracht.
Die Sterne blühten hell in Funkelpracht.

Wir zogen träumend durch die Gassen hin.
– Mich tröstet's noch, nun ich verlassen bin. –
In Schlummer lag die Stadt und still der Plan,
Der Mond zog langsam hin die Silberbahn,
Dann ging's über die alte Brücke dort.
– Erinnrung bringt so treu zurück den Ort! –

„Suchst einen Fels du, der dich schützen mag?
O, kann mein Arm dich denn nicht stützen, sag?
Suchst eine Brust du, warm voll Schmerzensmut?
O, still an meiner deine Herzensglut.
Suchst eine Seele du, die zu dir spricht:
'Erwach vom Tod!' hier meine tu' die Pflicht."

Manch Jahr ging hin nach jener Sommernacht.
Ein Lüftchen ist im Bäumicht fromm erwacht.
Die Augen seh ich, blau, im Sternenlicht,
Die stille Stadt, gleichwie im Ferngesicht.
Das Wort, das seine Liebe sprach, die Nacht,
Ich hör' es noch im Grabe nach ... ganz sacht.

Hélène Swarth

Sommernacht

Laue, stille Sommernacht,
Rings ein feierliches Schweigen,
Und am mondbeglänzten See
Tanzen Elfen ihren Reigen.
Unnennbares Sehnen schwillt
Mir das Herz. In jungen Jahren
Hab ich nie der Liebe Lust,
Nie der Liebe Glück erfahren.
Schmeichelnd spielt die linde Luft
Um die Stirne, um die Wangen.
Und es fasst mit Allgewalt
Mich ein selig-süßes Bangen.
Blaue Augen, blondes Haar
Soll ich bald mein eigen nennen?
Und der Ehe Hochgefühl
Soll ich aus Erfahrung kennen.
In der lauen Sommernacht
Wird sie dann im Bette sitzen,
„Männchen", fragt sie, „sag mir doch,
Musst du auch so grässlich schwitzen?"

Ludwig Thoma

Sommer

Am Abend schweigt die Klage
Des Kuckucks im Wald.
Tiefer neigt sich das Korn,
Der rote Mohn.

Schwarzes Gewitter droht
Über dem Hügel.
Das alte Lied der Grille
Erstirbt im Feld.

Nimmer regt sich das Laub
Der Kastanie.
Auf der Wendeltreppe
Rauscht dein Kleid.

Stille leuchtet die Kerze
Im dunklen Zimmer;
Eine silberne Hand
Löschte sie aus.

Windstille, sternlose Nacht.

Georg Trakl

Der Sommerfaden

Da fliegt, als wir im Felde gehen,
Ein Sommerfaden über Land,
Ein leicht und licht Gespinst der Feen,
Und knüpft von mir zu ihr ein Band.
Ich nehm' ihn für ein günstig Zeichen,
Ein Zeichen, wie die Lieb' es braucht.
O Hoffnungen der Hoffnungsreichen,
Aus Duft gewebt, von Luft zerhaucht!

Ludwig Uhland

Buchempfehlungen

Paul Schulte-Herrmann (Hrsg.)
Ihre Lieblingsjahreszeit in der Lyrik

Frühlingsgedichte
Sommergedichte
Herbstgedichte
Wintergedichte

Außerdem:
Weihnachtsgedichte
Naturgedichte

.